Riccardo Noury

Qatar 2022, i Mondiali dello sfruttamento

Introduzione di Riccardo Cucchi

infinito edizioni

SOLAR ENERGY

L'intero lavoro di redazione di questo libro è stato alimentato con energia pulita prodotta da impianto fotovoltaico

Prima edizione: settembre 2022
Infinito edizioni S.r.l.
Formigine (Modena)
Posta elettronica: info@infinitoedizioni.it
Sito Internet: www.infinitoedizioni.it
Facebook: Infinito edizioni
Twitter: @infinitoed
Instagram: Infinito edizioni

ISBN 9788868616298

Immagine di copertina: Shutterstock
Copertina: Infinito edizioni
Impaginazione e grafica: Infinito edizioni

Finito di stampare nel mese di agosto 2022
da Printì Srl – Manocalzati (Av)
SS Variante 7/bis, zona industriale di Avellino
Tel. 0825.67.57.66

Indice

Introduzione

di Riccardo Cucchi
giornalista e radiocronista sportivo

Lo sport è un'attività umana. Una delle molteplici attività alle quali l'uomo può dare vita. Dalla sua accezione ottocentesca, "svago" – "divertimento gratuito" –, progressivamente lo sport è diventato anche altro. Non solo, e principalmente, competizione.

Nell'era moderna, che possiamo far iniziare dalla celebrazione delle Olimpiadi di Atene del 1896, altri contenuti si sono via via aggiunti. A cominciare dal più importante, quello che si ispirava agli ideali degli antichi giochi greci: tregua da tutte le guerre. Ancora oggi a quella tregua invocata e spesso disattesa, ci si riferisce esplicitamente definendola, appunto, come "tregua olimpica".

Perché tregua? Come nell'antichità, lo sport promuove anche oggi il valore della competizione, tra singoli atleti e squadre, una competizione senza violenza e spargimenti di sangue: che si lottasse pure per un obiettivo di vittoria, che si profondessero pure sforzi titanici per prevalere su un avversario, che si simulassero anche gesta guerresche, se vogliamo, ma senza fare la guerra.

Lo sport è un ideale territorio neutro nel quale gli esseri umani sfogano la loro voglia di primeggiare. Senza togliersi la vita.

Alcuni princìpi – la bandiera, l'onore, la lealtà, l'appartenenza – si ispirano a idee antiche e nobili appartenute anche a generazioni di militari. Nel tumultuoso Novecento convogliare il duello schermistico in attività sportiva significava sterilizzare la sua valenza più cruenta. Lo sport tende a sterilizzare l'aggressività umana.

Con il trascorrere dei decenni questo principio è stato reso culturalmente più raffinato. Sono apparse altre parole in parallelo con l'evolversi della società umana. Accoglienza, integrazione, fratellanza, amicizia tra i popoli. Valori. Non può esistere sport senza valori. Anche nella nostra epoca contemporanea, con l'avvento del professionismo (tanto osteggiato da De Coubertin, l'inventore delle Olimpiadi, e da Rimet, l'inventore dei Mondiali di calcio) che ha portato con sé giri vorticosi di denari, il confine – purtroppo sempre più sottile – tra sport e puro intrattenimento, puro spettacolo, è proprio contrassegnato da questa semplice parola: valori.

Senza valori non ci sarebbe più posto per lo sport, ma solo per il puro spettacolo.

Lo sport si è dato anche un altro compito: quello di esportare questi valori: rispetto delle diversità, no al razzismo, parità di genere, inclusione.

Esportarli con l'esempio dei suoi atleti, ovunque ci sia una competizione.

È un compito ambizioso e tutt'altro che facile. Le contraddizioni, i passi indietro, i compromessi, sono spesso in agguato come dimostra la storia.

Lo sport può fare molto per la sua natura unificante, carica di passione e di divertimento.

I libri di Storia non ne parlano. Eppure, testimonianze dirette e lettere di combattenti ci raccontano di qualcosa di straordinario che sarebbe accaduto il giorno di Natale del 1914, in trincea, anzi tra due trincee. Quella costruita dall'esercito inglese e quella realizzata dall'esercito tedesco. In Belgio, a Ypres.

Una notte gelida e nevosa aveva preceduto la mattina di Natale. Non si spara. Anzi dalla trincea tedesca gli inglesi sentono intonare dei canti di Natale. Ne sono incuriositi. Qualcuno mette la testa fuori. È un attimo. Cantano anche gli inglesi. Qualche mano si alza in segno di saluto. Qualche mano risponde dall'altra parte. Qualcuno si alza con il busto oltre la trincea per guardare. Qualcuno si fa tanto audace da uscire ed entrare nella terra di nessuno. A quel punto lo fanno in molti, incuranti degli inviti degli ufficiali a desistere.

I soldati degli opposti schieramenti sono di fronte gli uni agli altri. C'è qualche scambio di doni, un pezzo di cioccolata, una sigaretta.

E poi dalla trincea inglese salta fuori un pallone. È un attimo. Parte la sfida giocata con gli scarponi inadatti persino a proteggere i soldati dal freddo.

Alcuni rischieranno di essere portati davanti alla corte marziale. Non succederà. Pagherà qualche ufficiale che sarà sospeso dal suo incarico. Da una lettera del caporale inglese Harris citata ne *La tregua di Natale: lettere dal fronte*, AA.VV.: "Si vede che i sentimenti umani sopravvivono persino in questi tempi bui di orrore e morte".

Parole del 1914. Incredibile come purtroppo siano di straordinaria attualità anche oggi. In questi giorni, in queste drammatiche ore.

Dunque, un pallone. Un pallone può.

Nel mio immaginario personale, nel quale si nascondono da sempre straordinarie utopie, avrei voluto davvero che lo sport avesse potuto far recedere la Russia dall'invasione dell'Ucraina.

Nel mio immaginario personale avrei voluto vedere i calciatori ucraini e russi sfidarsi inseguendo un pallone e poi abbracciarsi alla fine della gara. A pochi giorni dall'inizio del conflitto, nel campionato italiano Aleksej Miranchuk – calciatore russo dell'Atalanta – ha realizzato un gol nella gara contro la Sampdoria. A pochi sono sfuggite quelle immagini che ritraevano il calciatore russo a capo chino dopo la rete. Una marcatura non celebrata con la gioia esplosiva che è tipica del calcio. Quasi che un senso di colpa avesse invaso l'animo del ragazzo, quasi che tutto il peso delle atrocità mostrate dalle immagini provenienti dall'Ucraina, in quel momento cadessero tutte insieme sulle sue spalle. Lui, ovviamente innocente. Lui, però, russo. Sono stati i compagni di squadra a sommergerlo nel loro abbraccio carico di affetto. E tra questi un giocatore ucraino, Ruslan Malinovskij. Tra i due vive una profonda amicizia che la guerra non sarà mai in grado di scalfire.

Non si può chiedere allo sport di fare ciò che la politica non è in grado di fare. Ma non si può nemmeno chiedere allo sport di voltarsi dall'altra parte di fronte a un'aggressione militare.

Il mondo dello sport, i suoi organismi dirigenti, Cio, Fifa, Uefa, hanno deciso di escludere atleti russi e bielorussi dalle competizioni, pur nella consapevolezza che gli atleti non possono essere ritenuti responsabili delle scelte politiche dei loro Paesi.

Un gesto forte dai grandi contenuti simbolici, teso a isolare, anche sportivamente, la Russia. Ma che non può non generare dolore in chi vive lo sport, lo pratica, lo racconta. Perché un'esclusione rimane un'esclusione.

Esclusione è il contrario di inclusione. L'inclusione è uno dei valori fondanti dello sport moderno.

Anche in altri momenti storici lo sport è stato costretto a guardare cosa avvenisse nel mondo.

Le prime Olimpiadi boicottate sono state quelle di Mosca, nel 1980. Anche in quel caso all'origine del boicottaggio un'invasione militare, quella dell'Unione Sovietica nei confronti dell'Afganistan. A decidere per il "no" alla partecipazione fu il Comitato olimpico statunitense, non il Cio, al quale si unirono altri 64 Paesi. L'Italia partecipò senza bandiera e senza atleti militari.

Quattro anni dopo fu il blocco sovietico a boicottare le Olimpiadi di Los Angeles, come risposta al boicottaggio di Mosca. Fece eccezione la Romania. Anche in questo caso non fu il Cio a decidere, ma il Comitato olimpico sovietico.

Diverso il caso del Sud Africa, escluso dalle Olimpiadi di Tokio 1964 e di Città del Messico 1968 per le sue leggi razziali, quello che è passato alla storia come l'apartheid. La decisione fu adottata dal Cio. Si arrivò poi alla sanzione più dura della storia dello sport, nel 1970: l'espulsione del Sud Africa dal Cio.

In questo caso non fu dunque una guerra ma una violazione dei diritti umani a spingere la comunità sportiva mondiale a espellere una sua componente.

Certo, molto difficile sostenere che una guerra non produca violazione dei diritti umani. Direi impossibile per la crudeltà delle guerre moderne che non si combattono più in trincea ma che colpiscono lucidamente obiettivi civili.

Lo sport nella sua storia lunga più di un secolo ha dovuto schivare un'altra terribile trappola messa sulla strada della sua autonomia e dei suoi valori: lo sfruttamento politico da parte dei regimi totalitari a fini di propaganda.

Le Olimpiadi di Berlino del 1936 furono organizzate dai nazisti per celebrare il regime di Hitler. Miliardi di marchi vennero impiegati per mettere in piedi uno straordinario contorno di propaganda. Gli Stati Uniti avevano chiesto di boicottare quell'edizione delle Olimpiadi. Era chiaro ormai al mondo il volto illiberale e antisemita del regime. Il Cio si oppose, in quel caso, nel nome della forza del messaggio olimpico. Gli atleti tedeschi furono preparati con meticolosità per essere vincitori sul campo nel nome della folle ideologia della superiorità della razza.

Ma ben dieci atleti afroamericani salirono sul podio. Il più celebre, Jesse Owens, che il 3 agosto vinse la medaglia d'oro dei 100 metri sotto gli occhi di Hitler, il 4 agosto quella nel salto in lungo, il 5 agosto nei 200 metri e il 9 agosto nella staffetta 4x100.

Owens spiegò la follia dell'ideologia della razza con il linguaggio dello sport, sulla pista e sulla pedana di Berlino. Se gli Stati Uniti avessero boicottato quell'evento, la straordinaria impresa sportiva di Owens non sarebbe stata possibile. E la storia dell'uomo avrebbe perso uno dei momenti più alti della cultura dell'uguaglianza tra tutti gli esseri umani. Owens esportò valori pochi attimi prima che esplodesse una delle più grandi tragedie umane: la deportazione e lo sterminio degli ebrei. Certo, non fu in grado di fermarla.

Come Tommie Smith non fu in grado di battere il razzismo contro i neri negli Stati Uniti alle Olimpiadi di Città del Messico, nel 1968. Ma quando, dopo aver vinto la finale dei 200 metri, salì sul podio con la medaglia d'oro al collo alzando il pugno guantato verso il cielo, qualcosa successe in ogni angolo del mondo. Sul terzo gradino del podio un altro statunitense, John Carlos, anche lui con il pugno levato al cielo.

È l'anno delle sommosse nei ghetti neri, dell'assassinio di Martin Luther King e di quello di John Kennedy. E alla vigilia dei giochi l'esercito messicano aveva aperto il fuoco contro gli studenti che manifestavano a Città del Messico causando venti morti.

La città è sotto assedio quando si aprono i giochi.

Il 17 ottobre si corre la finale dei 200 metri. Due neri statunitensi la chiudono al primo e al terzo posto. Sul podio i due americani hanno una coccarda nera e sono senza scarpe. Indossano calzini neri, i *pimp socks* che nei ghetti neri hanno un significato di protesta.

Quel gesto fu esaltato e criticato. Esaltato da chi si batteva per i diritti umani e contro il razzismo, criticato da chi sosteneva che lo sport doveva rimanere fuori dalla politica.

Spesso si ricorre anche oggi a questa acrobazia lessicale: fuori dalla politica. Ma la difesa dei diritti è un valore ben al di sopra di ogni lotta politica.

Anche Smith e Carlos erano stati sollecitati a boicottare le Olimpiadi. In prima persona fu Harry Edwards, leader dell'organizzazione denominata *Black Panters*, al quale il pugno guantato degli atleti sul podio si ispira. I due non si piegano alla volontà di Edwards e gareggiano.

Spiegheranno in conferenza stampa che i calzini neri rappresentano la miseria, il guanto nero i lutti degli afroamericani e il pugno chiuso la lotta dei neri d'America.

Sul secondo gradino del podio un australiano, Peter George Norman. Questi, bianco, espresse la sua solidarietà agli statunitensi, non levando il pugno al cielo ma indossando durante la cerimonia di premiazione lo stemma dell'Olympic Projects of Human Rights.

Norman, conclusa l'attività agonistica, si impegnò nel campo dei diritti civili. Ma fu aspramente boicottato dai dirigenti del mondo sportivo australiano al suo ritorno da Città del Messico. Fu addirittura escluso dai giochi di Monaco di Baviera.

Norman morì a 64 anni, nel 2006. Smith e Carlos sono stati presenti al suo funerale sorreggendo la bara.

Pagare un prezzo alto, altissimo, per la difesa dei diritti umani. Succedeva ieri.

Il mondo dello sport su questo valore fondante, i diritti umani, è però unito e più forte rispetto al passato. Se ciò è avvenuto è anche grazie a quegli atleti e a quei dirigenti che hanno saputo tenere la barra dritta.

Lo sport non può voltare la testa dall'altra parte di fronte alla violazione dei diritti umani. Non può, pena l'allontanarsi in modo irreversibile dai suoi valori fondanti.

Il percorso continua a essere difficile, irto di ostacoli. In tempi moderni se ne è aggiunto uno altissimo e davvero faticoso da superare: il business.

Lo sport ha attratto i regimi totalitari nel Novecento, ma li attrae anche oggi. Attrae quelli contemporanei, più sofisticati nel loro tentativo di calamitarlo nella loro orbita utilizzando il denaro.

Il calcio professionistico è vorace. Produce ricchezza e la consuma rapidamente. Vorrei dire, con poche eccezioni, la dilapida. Alla ricerca di nuovi successi e di nuovi compratori. Compratori delle immagini televisive che produce e, attraverso le quali, alimenta la passione dei tifosi.

La passione dei tifosi. È il vero *core business* del calcio. Senza quella passione non si venderebbero né abbonamenti tv né biglietti allo stadio. Il punto è semmai che i tifosi stanno diventando sempre più consapevoli di essere considerati soprattutto clienti. E non lo accettano di buon grado. Affatto.

La voracità del calcio professionistico è anche all'origine di alcune scelte discutibili sul piano etico. Pur di incassare, creando eventi, si accettano – o si cercano – soluzioni che appaiono però in contrasto con quei valori di riferimento.

Amnesty International ha posto spesso l'accento sull'opportunità – per esempio – di giocare la Supercoppa italiana in Arabia Saudita. Il Paese arabo è al centro dell'attenzione di molte associazioni che nel mondo si battono per la difesa dei diritti umani. La situazione è costantemente monitorata ed emergono criticità molto evidenti. Recentemente il Paese saudita ha eseguito ben 81 condanne a morte in un solo giorno ed è ancora forte l'eco dell'assassinio di un giornalista, Jamal Khasoggi, che denunciava gli abusi del regime. E la società saudita è ancora molto lontana dalle condizioni minime di giustizia sociale e di parità. Soprattutto, ma non solo, nei confronti delle donne.

Per il complesso di queste ragioni è stato aspramente criticato l'accordo tra la Lega Calcio e l'Arabia Saudita che ha portato a disputare due finali di Supercoppa in questo Paese. Può il calcio ignorare il tema dei diritti umani in cambio di ricchi contratti che altrove non sarebbero possibili? Può reggere la giustificazione che esportando il calcio si può aiutare una società a crescere sul piano dei diritti umani?

Di sicuro c'è che attraverso il calcio molti regimi autoritari cercano di ripulire la loro immagine internazionale. È il cosiddetto fenomeno dello *sportwashing*, ormai analizzato e studiato in tutte le sue sfaccettature. Eventi di grande richiamo e relative immagini che fanno il giro del mondo per nascondere la polvere sotto il tappeto. La polvere dei diritti violati.

Conoscete le vicende societarie del Chelsea di Roman Abramovic che, a causa delle vicende belliche ucraine e della nazionalità russa del suo proprietario, è in vendita. Si è parlato dell'interesse di un fondo saudita. Non è mistero che i ricchi Paesi arabi guardino con molta attenzione alle società di calcio europee. È però innegabile che emerga una contraddizione nel negare per via delle sanzioni – giustamente – la proprietà russa e aprire la porta a un'altra proprietà dall'etica tutt'altro che linda.

Lo *sportwashing* viaggia su due binari. Da un lato il tentativo di regimi illiberali di raccogliere consensi e ripulirsi l'immagine. Dall'altro l'enorme fame di denari da parte dei club più prestigiosi che, per errori di gestione economica aggravati dalla pandemia, subiscono una forte contrazione degli utili e non vogliono rinunciare ai loro risultati sportivi. Anche perché i risultati sportivi portano altra ricchezza. Un vortice che si autoalimenta e che è stato anche all'origine del progetto di Superlega europea, per ora congelato, e che ha provocato una frattura molto profonda all'interno dell'Uefa e nei rapporti tra le società di calcio continentali.

Il fenomeno delle proprietà straniere è molto diffuso ormai. Anche in Italia. L'era degli imprenditori italiani con capacità di investimento ma soprattutto passione sportiva, sembra ormai tramontata. Per reggere l'urto del calcio moderno, che pretende acquisti e ingaggi milionari per essere competitivo, sono scesi in campo ricchi manager stranieri e fondi d'investimento con risorse economiche molto vaste. Su questo cambio di rotta incide molto anche la capillare diffusione planetaria del calcio che, grazie alle immagini e dunque al mercato dei diritti tv, si dirama in ogni continente trasformando il calcio da fenomeno locale in fenomeno mondiale.

Esemplare il caso del Paris Saint-Germain di Nasser Al-Khelaïfi, imprenditore qatarino presidente del fondo sovrano Qatar Investment Authority, con un patrimonio di 60 miliardi di dollari e ramificazioni – tradotte in quote – nella Barclays, nella Harrods, nella Volkswagen, nella Walt Disney e in molte altre società e oggi presidente della Eca, l'European Club Association che collabora con la Uefa, della quale Al-Khelaïfi è membro del Comitato esecutivo.

Il club parigino è forse il più ricco al mondo in questo momento e può schierare straordinari campioni, dominando il campionato francese.

Non la Champions League, obiettivo dichiarato e mai raggiunto. Anche perché, come diceva il fuoriclasse olandese Johann Cruyff, "non ho visto mai i soldi segnare un gol". Il calcio pretende altro e a volte si beffa della ricchezza se sul campo di gioco non esce fuori una squadra, non escono fuori – in buona sostanza – gli uomini.

Permettetemi un'altra citazione a questo proposito, quella del commissario tecnico Vittorio Pozzo, vincitore dei Mondiali del 1934 e del 1938, che affermava: "In campo non puoi nasconderti. Esce quello che sei veramente". Riferendosi al valore della persona più che alla sua tecnica di calciatore.

Lo sport ha bisogno di denaro, ma il denaro da solo non basta per tagliare traguardi.

Ma, tornando ad Al-Khelaïfi, diciamo che ha rivestito un ruolo non secondario anche nel progetto del Mondiali del 2022 in Qatar.

La finalità della Fifa è chiara: il calcio deve diventare sempre più uno sport planetario. La Fifa, come la Uefa del resto, si definisce un'organizzazione a-politica ed è impegnata anche nella diffusione continua di messaggi inclusivi. "Rispetto" e "no al razzismo" sono parole chiave. La radice culturale dello sport come strumento per esportare valori tra le donne e gli uomini è altrettanto chiara e visibile. Come è condivisibile il progetto di organizzare mondiali in ogni continente, non solo, come avveniva in passato, soltanto in Europa e Sud America.

Straordinaria e indimenticabile per chi l'ha vissuta – e ho avuto questo privilegio – l'edizione della Coppa del Mondo in Sud Africa del 2010, in quel Paese libero finalmente dalle leggi razziali, dopo lunghi anni di esclusione dal contesto sportivo e internazionale. La presenza di Nelson Mandela, la sera della finale, fu uno dei momenti più alti e significativi della storia del calcio. Un'indicazione forte di quanto lo sport possa fare per la crescita e la presa di coscienza dei diritti e la giustizia sociale.

Ma ricordo anche una edizione di *Radio Anch'io sport* che ho curato per *Radio1* molti anni fa, nella quale, tra i primi, parlavamo delle morti nei cantieri del Qatar. I dati erano ancora imprecisi, ma le testimonianze raccolte ci dicevano, in modo inequivocabile, che nella realizzazione degli impianti che il mondo avrebbe visto a novembre 2022, stavano perdendo la vita centinaia, forse migliaia di lavoratori, mano d'opera a basso costo proveniente in gran parte dell'Asia, costretta a turni di lavoro massacranti a temperature impossibili, senza la minima tutela sul piano della sicurezza. Dati ormai drammaticamente acquisiti ma che all'epoca non scatenarono l'indignazione che sarebbe servita a lanciare un severo monito al Qatar.

Intendiamoci. Non è facile sfuggire alle contraddizioni. Il mondo del calcio non è separato dagli altri "mondi" che compongono la rete fittissima di attività umane. A spinte verso il cambiamento, rispondono spesso passi indietro, sottovalutazione, stringenti interessi economici e commerciali non dilazionabili.

Ma lo sport non deve, non può permettersi, di sottostimare il suo ruolo – perdonate se insisto ancora su questa allocuzione – di esportatore di valori.

La Fifa ha creato un gruppo di lavoro che supervisiona i diritti dei lavoratori in Qatar e ha organizzato più visite sul posto, in vista della fase finale. Ha raccolto informazioni, promosso incontri con istituzioni e privati. Ha incontrato rappresentanti di Amnesty International, organizzazioni sindacali internazionali, gruppi di lavoratori migranti per raccogliere la testimonianza delle loro esperienze. Il gruppo di lavoro ha "costretto" gli organizzatori qatarini a ragionare sui diritti del lavoro e sull'attuazione di riforme di standard internazionale; ha discusso di protezione della libertà di stampa; partecipazione dei tifosi; lotta alle discriminazioni e in particolare di tutela dei diritti delle donne e inclusione delle persone Lgbtiq+; di controlli sui diritti umani nella catena di fornitura e distribuzione; dei lavoratori migranti nel settore alberghiero, un settore centrale durante lo svolgimento della Coppa del Mondo.

Di fatto il gruppo di lavoro sta portando il confronto sui diritti nel cuore del Qatar.

Utopia? Si poteva fare prima? Domande legittime. Ma proprio per la difficoltà di un percorso che sia in grado di mettere insieme sport, interessi economici e politici e tutela dei diritti in un mondo così complesso e diversificato a ogni latitudine, ogni sforzo deve essere accolto con ottimismo. E soprattutto deve essere compiuto. Il gruppo di lavoro Uefa comprende rappresentanti delle federazioni di Inghilterra, Germania, Olanda, Norvegia, Svezia e Svizzera.

Al centro l'esportazione di valori. Questa volta non su un campo di gioco, ma su tavoli di confronto politico-diplomatico. L'ultimo risultato del lavoro del settore della Responsabilità sociale del calcio istituito dall'Uefa contiene molti dati sugli obiettivi che l'Uefa persegue e anche dati sui risultati raggiunti.

Sono state individuate sette *policy*, sette direttrici strategiche per il periodo 2021/2030: uguaglianza e inclusione, lotta al razzismo, protezione dei bambini e dei giovani, calcio per la disabilità, sostegno ai rifugiati, benessere e salute, solidarietà e diritti.

Un percorso ambizioso e difficile. E, sono certo, ricco di insidie. Ma lo sport contemporaneo, i suoi dirigenti, non possono in alcun modo sottrarsi al dovere di fare dello sport un terreno di confronto e di stimolo in direzione dei diritti delle donne, degli uomini e dei giovani.

E noi come giornalisti dovremmo svolgere anche in questo caso il ruolo di "sentinelle". E raccontare i successi e gli insuccessi lungo questo percorso cercando anche di dare il nostro contributo in fatto di promozione di valori e di cultura sportiva.

Vi lascio alle pagine di questo volume, vi lascio nelle mani esperte di Riccardo Noury che lucidamente, come suo costume, vi propone analisi e riflessioni che devono diventare patrimonio comune di chi ama lo sport e soprattutto di chi lo gestisce a livello planetario.

Non può esistere sport senza valori, non può esistere sport senza l'impegno nella difesa dei diritti umani. Buona lettura.

Breve profilo storico del Qatar

Indipendente dal 1971, la storia del piccolo e ricchissimo Stato del Golfo persico inizia alla metà del diciannovesimo secolo. È una storia che coincide con quella della famiglia al-Thani, che ancora oggi governa il Qatar.

La data e lo stadio del fischio finale del Mondiali del 2022 hanno a che fare proprio con la storia moderna del Qatar e con la figura ad essa legata, l'unificatore o meglio il Fondatore: Jassim bin Mohamed bin al-Thani. Morto il 18 dicembre 1878 a Lusail. Lì, 144 anni dopo, viene assegnato il titolo di campione del mondo.

Con la dissoluzione dell'Impero Ottomano, nel 1916, il Qatar divenne protettorato della Gran Bretagna. Nei decenni successivi, di prospezione in prospezione, divenne chiaro come ciò che si trovava sotto la sua terra e sotto il suo mare, ovvero infinite quantità di idrocarburi, avrebbe determinato per varie generazioni il futuro e la ricchezza della popolazione autoctona.

Dagli anni Quaranta al 1971, anno dell'indipendenza, fu la Anglo-Persian Oil Company a gestire produzione ed esportazione di petrolio. Poi, proprio nel

1971, si è scoperto il gas e le fortune sono più che raddoppiate.

Se il Fondatore era stato Jassim bin Mohamed bin al-Thani, il Modernizzatore è considerato Hamid bin Khalifa, colui che ha traghettato il Qatar dal XX al XXI secolo e lo ha fatto conoscere al mondo.

Sotto lo sceicco Hamid le riserve di gas naturale sono state sfruttate appieno, sono stati realizzati forti investimenti nella comunicazione (l'emittente panaraba *al-Jazeera* ne è il più evidente esempio), sono state avviate riforme, per quanto assai limitate, con l'obiettivo di mostrare al mondo l'asserito passaggio a una monarchia costituzionale di quella che era, ed è tuttora, una monarchia ereditaria, ed è stata avviata una politica estera disallineata rispetto a quella dell'Arabia Saudita e degli Stati alleati dell'area.

È stato il successore di Hamid, Tamim bin Hamad al-Thani, a pagare le conseguenze di questo "strappo". Con l'accusa di flirtare con l'Iran e fiancheggiare i movimenti legati alla Fratellanza musulmana – e dunque il terrorismo attraverso finanziamenti e con la linea editoriale di *al-Jazeera* (di cui in Egitto sono stati imprigionati vari giornalisti) –, il 5 giugno 2017 Arabia Saudita, Emirati Arabi Uniti, Bahrein ed Egitto hanno rotto le relazioni con il Qatar, dichiarando un embargo economico e il boicottaggio commerciale. Due anni prima, va ricordato, l'Arabia Saudita si era messa alla guida di una sanguinosa campagna militare nello Yemen, contro il gruppo armato filo-iraniano huthi.

La frattura si è ricomposta solo tre anni e mezzo dopo, il 5 gennaio 2021, con la cosiddetta Dichiarazione di al-Ula: ufficialmente, il Qatar è "rientrato in famiglia" con un fragoroso abbraccio, in favore di telecamere, tra l'emiro Tamim e l'uomo forte della regione, il principe ereditario saudita Mohamed bin Salman.

Ricomposti almeno provvisoriamente gli screzi regionali, il Qatar si è avviato trionfalmente verso il fischio d'inizio dei Mondiali.

Il trionfo dello *sportwashing*

Un milione e 200mila tifosi, giornalisti, calciatori e altri accompagnatori sono attesi in Qatar tra novembre e dicembre del 2022, in occasione dei Mondiali di calcio: i primi in uno Stato di lingua araba, i primi in un Paese del Medio Oriente.

L'evento si svolge in strutture avveniristiche. La costruzione degli stadi è terminata con ampio anticipo, persino prima che si conoscesse l'elenco completo delle squadre che avrebbero preso parte al torneo, tra le quali assente di lusso (e inaspettata) è l'Italia, campione d'Europa in carica.

Sono otto, questi stadi, tutti situati nell'est del Paese: "al-Bayt" (nella città di al-Khor), "Lusail" (nella città omonima), "Khalifa International", "Ras Abu Aboud" e "al-Thumama" (nella capitale Doha), "Ahmed bin Ali" e "Qatar Foundation" (nella città di al-Rayyan), "al-Janoub" (nella città di al-Wakrah). Capienza totale: quasi 400mila spettatori.

Lo stadio "al-Bayt", a forma di tenda beduina, ospita la partita inaugurale del torneo, il 21 novembre 2022. Lo stadio "Lusail", un monumento a forma di disco volante che, nelle idee dei progettatori, dovrebbe ricordare la ciotola di datteri che si porge agli invitati come segno di benvenuto, è la sede della partita finale, il 18 dicembre.

Secondo le stime più accreditate, questi stadi sono costati quasi sei miliardi di euro. Gli organizzatori contano di trasformarli, alla fine dei Mondiali, in strutture più piccole adibite a centri sportivi, sale per cerimonie e parchi-giochi per bambini.

Gli otto stadi sono raffreddati da un sistema di immissione di aria fresca per mantenere la temperatura in campo e sugli spalti inferiore ai 30 gradi. A questa innovazione, decisa quando inizialmente i Mondiali avrebbero dovuto disputarsi, come da tradizione, in estate, non si è rinunciato neanche quando la competizione è stata spostata in autunno.

Non è chiaro come sia possibile, in questo modo, rispettare il proclama del "Mondiale dal bilancio climaticamente neutro", una delle tante dichiarazioni del Comitato supremo per la consegna e il patrimonio (Supreme Committee for Delivery and Legacy, d'ora in avanti Comitato supremo), l'interfaccia organizzativa locale della Federazione internazionale delle associazioni calcistiche (Fédération Internationale de Football Associations, d'ora in avanti Fifa).

Siamo, insomma, di fronte al trionfo dello *sportwashing*, l'applicazione da parte degli Stati del Golfo della strategia di pubbliche relazioni chiamata *whitewashing* (che potremmo tradurre "dare un colpo di vernice bianca") che utilizza gli eventi sportivi per mostrare di avere capacità organizzative pari agli altri ma anche e soprattutto per "sbiancare" la propria immagine negativa, soprattutto in tema di rispetto dei diritti umani. Presentarsi al mondo moderni, competitivi e "puliti". Vi ricorrono quasi tutti gli Stati dell'area e non da oggi.

Anzi, a ben vedere, poiché l'assegnazione dei Mondiali di calcio al Qatar risale al 2010, sono stati gli altri a rincorrere: acquistando squadre di calcio – se la proprietà del Paris Saint-Germain è qatarina, quella del Manchester City è emiratina; nel 2021 un fondo legato alla leadership saudita ha acquistato la squadra inglese del Newcastle e, nella prima metà del 2022, è stata per fortuna definitivamente scongiurata l'acquisizione del Milan da parte di un fondo d'investimenti del Bahrein –, intitolandosi stadi, sponsorizzando squadre, organizzando eventi di grande richiamo internazionale – come le due finali di Supercoppa della Lega Calcio italiana in Arabia Saudita –, entrando nel calendario dei gran premi di automobilismo e motociclismo (Qatar, Emirati, Arabia Saudita e Bahrein).

Lo *sportwashing* è efficace perché sfrutta due elementi: la passione del pubblico sportivo ("Lasciateci divertire!") e la scarsa dimestichezza del giornalismo di settore per quanto riguarda la situazione dei diritti umani ("È roba della redazione esteri!"). Si basa sulla narrativa per cui "sport e diritti umani sono questioni diverse", peraltro messa in dubbio sin dalla finale di Coppa Davis del 1976 tra Italia e Cile e dai boicottaggi che in seguito avrebbero segnato varie edizioni delle Olimpiadi, compresa quella dell'inverno 2022 in Cina.

Cos'è che l'attenzione sull'organizzazione dei Mondiali ha impedito di conoscere rispetto alla situazione dei diritti umani nel Paese?

Prendiamo la scheda sul Qatar del Rapporto 2021-22 di Amnesty International, pubblicato dall'editore di questo libro[1]. Esclusi i paragrafi sullo sfruttamento del lavoro migrante, di cui parleremo diffusamente nelle prossime pagine, leggiamo che:

"A luglio [2021], l'emiro ha ratificato una legge che ha aperto la strada alle prime elezioni legislative del Consiglio della shura (Assemblea consultiva) per eleggere 30 dei suoi 45 membri. Tuttavia, la legge escludeva dal voto o dal presentarsi come candidati alle elezioni i qatarioti i cui nonni maschi non erano nati in Qatar, in base alla discriminatoria legge sulla nazionalità. L'elezione si è tenuta il 2 ottobre. Nessuna donna è stata eletta".

E ancora:

"Le autorità hanno continuato a limitare la libertà d'espressione tramite il ricorso a leggi lesive dei diritti per imbavagliare le voci critiche. Agli inizi di agosto membri di comunità tribali, principalmente degli al-Murra, hanno protestato contro la loro esclusione dalle elezioni al Consiglio della shura. L'8 agosto, il ministero dell'Interno ha dichiarato che sette uomini erano stati arrestati e rinviati a giudizio con l'accusa di 'utilizzo dei social network allo scopo di diffondere notizie false e fomentare le lotte razziali e tribali'. Alcuni sono stati rilasciati, ma [alla fine del 2021] altri rimanevano detenuti senza poter contattare i loro legali".

---

[1] Amnesty International, *Rapporto 2021-2022*, Infinito edizioni, 2022.

Andiamo avanti:

"Le donne continuano a essere discriminate nella legge e nella prassi. In base al sistema di tutoraggio, rimangono legate a un tutore di sesso maschile, generalmente il padre, un fratello, un nonno o uno zio o, per le donne sposate, il marito. [Devono] ottenere il permesso esplicito del loro tutore per prendere decisioni per la propria vita, come ad esempio sposarsi, studiare all'estero usufruendo di borse di studio governative, lavorare in molti ruoli del pubblico impiego, viaggiare all'estero a una certa età e accedere ad alcune forme di salute riproduttiva. Il diritto di famiglia continua, inoltre, a discriminare le donne rendendo molto più complicate per loro le procedure per il divorzio. Le donne divorziate non possono esercitare la responsabilità genitoriale sui loro figli. A marzo, il governo ha confutato le conclusioni di un rapporto pubblicato da Human Rights Watch sulla discriminazione contro le donne in Qatar, annunciando che era sua ferma volontà indagare e perseguire penalmente eventuali trasgressori della legge. A fine anno, tuttavia, non era stata ancora aperta alcuna indagine".

Questa storia è molto grave:

"Noof al-Maadeed, una donna del Qatar di 23 anni che aveva chiesto asilo nel Regno Unito citando gli abusi subìti in famiglia, ha deciso di ritornare nel Paese, dopo essere stata rassicurata dalle autorità in merito alla sua sicurezza. Aveva cominciato a documentare il suo viaggio sui social network, ma gli ultimi post da lei pubblicati risalgono al 13 ottobre, dopo che aveva denunciato alla polizia le minacce che aveva ricevuto dalla famiglia. Nonostante le autorità avessero in seguito assicurato che stava bene, da

allora di lei non si sono più avute notizie, facendo temere per la sua incolumità".

E per finire:

"Il codice penale continua a considerare la 'sodomia' o i comportamenti omosessuali un reato punibile con la reclusione fino a sette anni. L'articolo 296 considera reato 'qualunque tentativo di persuadere, istigare o sedurre un maschio a compiere atti di sodomia o depravazione' e 'qualunque tentativo di indurre o sedurre un maschio o una femmina a compiere atti illegali o immorali'. A febbraio, Mashrou' Leila, un gruppo di musica rock il cui cantante leader è apertamente gay, ha cancellato l'esibizione in programma al campus della Northwestern University di Doha, citando 'motivi di sicurezza' dopo l'ondata di odio antigay apparsa online".

Per gli omofobi di Stato del Qatar, naturalmente, i Mondiali del 2022 suonano come un pericoloso campanello d'allarme. Nel dicembre 2021 Nasser al-Khater, direttore esecutivo del Comitato supremo, ha dichiarato che le persone Lgbtiq+ che intendono visitare il Paese per seguire il torneo non devono sentirsi insicure o minacciate, a patto che "non manifestino in pubblico il loro affetto e rispettino la cultura locale".

Lo stesso concetto è stato ribadito nel marzo 2022, sempre da al-Khater, che ha ammonito a non sventolare bandiere arcobaleno sugli spalti ma ha "rassicurato" che il Comitato supremo non si sarebbe intrufolato nelle camere d'albergo.

A suo avviso, la libertà d'espressione affettiva dovrebbe essere recintata all'interno degli alberghi. Ma può essere che non vada neanche così.

Nel maggio 2022 il portale *SVT Sport* ha pubblicato i risultati di un'indagine[2] sui 69 alberghi consigliati dalla Fifa sul proprio sito, per misurare il livello di "gradimento" di coppie omosessuali. L'esito è preoccupante: 13 strutture non hanno risposto o se la sono cavata spiegando che non avevano ancora riaperto a causa della pandemia; tre hanno dichiarato che non avrebbero accettato prenotazioni del genere (magari insospettendosi se due donne o due uomini avrebbero scelto una matrimoniale?), 33 non prevedono restrizioni specifiche; gli altri hanno dato disponibilità ma con la raccomandazione di "vestirsi in un certo modo, possibilmente senza dare nell'occhio".

La scheda del Rapporto 2021-2022 di Amnesty International non fa menzione di un'altra storia orribile[3] perché è emersa solo nel 2022, ma è necessario raccontarla.

Paola Schietekat, messicana, esperta di economia e appassionata di calcio, sembrava aver coronato un sogno quando era stata assunta dal Comitato supremo. Nel giugno 2021 è stata aggredita, all'interno della sua abitazione, da un latino-americano conosciuto qualche giorno prima:

"Mi ha svegliata un rumore proveniente dalla cucina, sono andata a controllare. Mi ha aggredito, abbiamo lottato per un po' poi mi ha picchiato più forte. Prima di andare via mi ha avvisata che non mi venisse in mente di dire che

---

[2] "VM-hotell i Qatar säger nej till homosexuella", www.svt.se/sport/fotboll/flera-vm-hotell-i-qatar-sager-nej-till-homosexuella.

[3] A Mexican women reported an assault in Qatar. She faces jail, 100 lashes, www.nbcnews.com/news/latino/mexican-woman-reported-sexual-assault-qatar-faces-jail-100-lashes-rcna17217

mi aveva picchiato. Per dieci minuti non sono riuscita a muovermi. Avevo lividi sulla schiena, sulle spalle, su tutto il lato sinistro del corpo".

Schietekat si è recata al consolato messicano per denunciare l'accaduto ma è finita, lei, al centro di un'indagine. L'aggressore, interrogato, ha negato tutto limitandosi a dire che i due erano fidanzati. A quel punto la donna, interrogata in arabo – lingua che non conosce – è stata accusata di relazioni sessuali extramatrimoniali, reato per cui è prevista una condanna fino a sette anni con la pena aggiuntiva, siccome lei era di religione musulmana essendosi convertita all'Islam, di 100 frustate.

La donna è riuscita a lasciare il Qatar, così come l'aggressore, del quale non si è più saputo nulla. Ci sarà un processo in contumacia? Non si sa. Quello che è certo è che lei non potrà tornare in Qatar.

Infine, va aggiornata una vicenda citata sopra nel paragrafo dedicato alla legge elettorale del Consiglio della Shura.

Il 10 maggio 2022, al termine di un frettoloso processo a porte chiuse, un tribunale della capitale Doha ha emesso tre condanne al carcere a vita nei confronti di due avvocati e di un attivista. Un quarto imputato ha ricevuto una condanna a 15 anni.

I quattro attivisti, che avevano preso le difese, anche sul piano legale, della tribù al-Murra, sono stati giudicati colpevoli dei seguenti "reati": contestazione di una legge ratificata dall'emiro, minaccia all'emiro tramite i social media, minaccia all'indipendenza dello Stato, organizzazione di raduni pubblici non autorizzati e violazione online dei valori sociali.

Queste condanne sono state l'ennesimo atto persecutorio nei confronti degli al-Murra, che da tempo sono discriminati per quanto riguarda l'accesso all'istruzione, al lavoro e alle cure mediche.

Morti di lavoro

Dall'assegnazione dei Mondiali del 2022 al Qatar, la popolazione di questo Stato è cresciuta di quasi due terzi.

Oggi il Qatar è la casa – assai precaria come vedremo – di oltre due milioni di lavoratori e lavoratrici migranti, provenienti dall'Asia e dall'Africa, che hanno pagato grandi somme alle agenzie d'impiego – spesso illegali – per trovare lavoro nel settore delle costruzioni, dell'ospitalità, della logistica e dell'assistenza domestica.

I lavoratori migranti costituiscono oltre il 90 per cento della forza-lavoro del Qatar. Senza di loro, i Mondiali del 2022 sarebbero rimasti un sogno.

Dal 2014, questa immensa e indispensabile moltitudine di braccia avrebbe dovuto beneficiare degli Standard per il benessere del lavoro[1] adottati dal Comitato supremo e che, in teoria, risultano allegati ai contratti firmati con le imprese assegnatarie della costruzione degli impianti sportivi dei Mondiali del 2022. Di fatto, questi standard hanno riguardato solo 30mila lavoratori migranti. Una infima minoranza.

---

[1] Supreme Committee, *Our Standards*, www.workerswelfare.qa/en/our-legacy/our-standards.

Questo libro cerca di rispondere a due domande: per realizzare quel sogno, quante vite umane sono state sacrificate? E a quali limiti estremi è arrivato lo sfruttamento del lavoro migrante?

In base all'articolo 2 del Programma di cooperazione tecnica, un accordo di partenariato sottoscritto nel 2017 tra Qatar e Organizzazione internazionale del lavoro (International Labour Organization, d'ora in avanti Ilo), in favore dei lavoratori sarebbe stata introdotta e applicata una politica di sicurezza e salute sul lavoro con una chiara strategia di azione, anche rispetto ai rischi legati alla temperatura, accompagnata da una campagna di sensibilizzazione. Sarebbe inoltre stato istituito un registro degli incidenti sul lavoro e delle malattie occupazionali.

Prima e dopo quell'accordo, invece, nello scorso decennio migliaia di lavoratori migranti sono morti improvvisamente e senza alcuna avvisaglia, nonostante avessero superato tutti gli esami medici prima di arrivare in Qatar. Le autorità locali, contrariamente ai loro obblighi internazionali, non hanno indagato su queste morti per arrivare a conclusioni chiare circa le circostanze. La prassi è stata quella di emettere certificati che facevano riferimento a "cause naturali", "cause sconosciute" o "arresto cardiaco", senza alcun riferimento alle condizioni di lavoro.

Il risultato è stato che a numerosissime famiglie non è stato riconosciuto il diritto di conoscere cosa fosse accaduto ai loro cari e – circostanza grave, dato che la maggior parte di esse sopravviveva in patria grazie alle rimesse dall'estero – è stato negato il diritto a un risarcimento, contrariamente a quanto prevede la Legge sul lavoro. Del resto, moltissimi lavoratori non erano morti sul posto di lavoro, ma erano stramazzati nel sonno su una branda dei tuguri in cui risiedevano…

Non "morti sul lavoro", dunque, per le autorità. Ma "morti di lavoro", certamente.

Secondo i dati pubblicati dall'Autorità per la pianificazione e le statistiche[2], dal 2010 al 2019 sono morti 15.021 lavoratori stranieri di ogni età e occupazione. Di questi, 9.405 (il 63 per cento) erano di origine asiatica, in gran parte (l'87 per cento) uomini.

Fino al 2015, come già si accennava, di molti di questi decessi non è stata indicata nemmeno una causa. Dall'anno successivo, nella maggior parte dei casi la morte è stata attribuita a un "arresto cardiaco". Quest'informazione, lo ripetiamo, non ci dice nulla: tantissime persone muoiono d'infarto ed è fondamentale accertarne la causa.

A far venire più di un sospetto è però un raffronto: la percentuale di uomini non qatarini morti per "arresto cardiaco" o "cause sconosciute" è decisamente superiore (il 43 per cento rispetto al 28 per cento) a quella relativa agli uomini di nazionalità qatarina. Lo stesso fenomeno si è verificato in Kuwait, dove il sistema e la demografia del lavoro, oltre che il clima, sono simili.

Il Comitato supremo avrebbe dovuto aderire a standard di accuratezza elevati nella catalogazione dei decessi

[2] Planning and Statistics Auhority, *Births and Death Statistics*, 2020.

relativi all'organizzazione dei Mondiali di calcio. Invece, ha registrato appena 33 decessi, 18 dei quali attribuiti a "cause naturali", "arresto cardiaco" o "sindrome respiratoria acuta".

Nel suo rapporto "Verifica 2021: a un anno dai Mondiali di calcio del 2022", Amnesty International ha raccontato le storie di sei lavoratori migranti poco più che trentenni, partiti dal Bangladesh e dal Nepal per cercare un futuro migliore e tornati a casa in una bara, le circostanze della cui morte non sono mai state chiarite.

Tutte hanno un elemento in comune: le temperature estreme, che d'estate superano i 45 gradi. Devono essersene rese conto anche le autorità del Qatar che, seppure con enorme ritardo, nel maggio 2021 hanno introdotto nuove norme sulla protezione dal caldo.

Fino ad allora, l'unica misura a tutela dei lavoratori era stata adottata nel 2007: pausa-lavoro dalle 11,30 alle 15,00 nel periodo compreso tra il 15 giugno e il 31 agosto. Nel maggio 2021 il periodo è stato esteso dal 1° giugno al 15 settembre e l'orario della pausa è stato allungato dalle 10,00 alle 15,30. È stato poi concesso che i lavoratori adeguino "il proprio ritmo" alle condizioni atmosferiche prendendosi pause quando necessario e sospendendo il lavoro quando la temperatura superi i 32 gradi.

Un passo avanti, certamente, ma molti esperti hanno sottolineato che, data la natura iniqua dei rapporti di lavoro (su cui torneremo più avanti), l'applicazione della norma sul "proprio ritmo" sarebbe stata di ben difficile attuazione.

Soprattutto, ripetiamolo, si è trattato di un passo avanti tardivo. Nel giugno del 2019 la rivista scientifica *Cardiology*[3] aveva denunciato che un ampio numero di lavoratori nepalesi era morto a causa di "gravi colpi di calore" e aveva concluso che "almeno 200 delle 571 morti per cause cardiovascolari avrebbero potuto essere evitate se fossero state attuate misure di protezione nei confronti delle temperature elevate".

Uno degli autori della ricerca, il cardiologo Dan Atar dell'Università di Oslo, intervistato da Amnesty International, ha così commentato le conclusioni: "Abbiamo riscontrato una correlazione tra caldo e morte di lavoratori nepalesi. La curva dei decessi raggiunge il picco nei mesi estivi e cala nella stagione fredda. Uomini relativamente giovani e selezionati per la loro capacità di sopportare sforzi fisici non dovrebbero contrarre malattie cardiovascolari mortali. La mia valutazione da cardiologo è che queste morti sono state causate da colpi di calore. I corpi di questi lavoratori non hanno sopportato lo stress da caldo cui sono stati esposti".

Prima del rapporto di Amnesty International, c'era stata la sconvolgente inchiesta pubblicata il 23 febbraio 2021 dal quotidiano britannico *The Guardian*[4], dalla quale era emerso che il 69 per cento dei 6.751 decessi di lavoratori provenienti da cinque Stati asiatici tra il 2010

---

[3] B. Prandan, T. Kjellstom, D. Atar, P.Sharma, B, Kayastha, G, Bandhari, P.K. Pradhan, *Heat Stress Impact on Cardiac Mortality in Nepali Migrant Workers in Qatar*, 2019.

[4] P. Pattisson, N. McIntyre e altri, *Revealed: 6,500 migrant workers have died in Qatar since World Cup awarded*, 23 febbraio 2021.

e il 2020 – 2.711 dall'India, 1.641 dal Nepal, 1.018 dal Bangladesh, 824 dal Pakistan e 557 dallo Sri Lanka – era stato attribuito ufficialmente a "cause naturali" o ad "arresto cardiaco", senza alcun'altra indicazione sui motivi effettivi che avevano determinato la morte.

I dati forniti da alcuni dei sistemi sanitari degli Stati di provenienza dei lavoratori migranti confermano il quadro: secondo quelli del Bangladesh, il 71 per cento delle morti di lavoratori locali in Qatar tra il novembre 2016 e l'ottobre 2020 è stato attribuito a "cause naturali"; per quelli dei Nepal, il 55 per cento dei lavoratori locali deceduto in Qatar tra il 2008 e il 2019 è stato attribuito ad "arresto cardiaco" o a "cause naturali".

Nel suo rapporto del 2019 intitolato "Lavorare in un pianeta più caldo", l'Ilo aveva per la prima volta classificato l'alta temperatura esterna come un rischio per la salute e la sicurezza sul lavoro: "L'esposizione a livelli di caldo eccessivi può determinare infarti, a volte con esiti mortali. Le conseguenze riguardano tutti i lavoratori, ma determinati impieghi sono particolarmente a rischio perché prevedono maggiore sforzo fisico e/o vengono svolti all'aperto. Questi impieghi si trovano tipicamente [...] nel settore delle costruzioni".

Ma torniamo ai ritardi e aggiungiamo che chi avrebbe dovuto agire tempestivamente non poteva non sapere.

Già nel 2011 una ricerca condotta da tre professionisti sanitari del Qatar[5] sui certificati di morte aveva concluso che "la mancanza di formazione pare[va] avere un

---

[5] N.J. Al-Kabaisi, H.Said, N.A. Horeesh, *Death Certification Practice in Qatar*, Public Health 127 (2013).

forte ruolo nella scarsa qualità della compilazione" di quei documenti.

Nel 2014 un rapporto della Dla Piper[6] – un'azienda multinazionale di servizi legali presente in oltre trenta Paesi – commissionato dalle stesse autorità del Qatar aveva messo sotto accusa il numero "apparentemente elevato" di decessi di lavoratori migranti attribuiti ad arresto cardiaco e aveva sollecitato il governo a introdurre per legge l'obbligo di autopsia in caso di "morte inaspettata o improvvisa".

Il 22 febbraio 2021 Amnesty International ha scritto al ministero della Salute pubblica del Qatar chiedendo informazioni sulla legge n. 2 del 2012 che regola l'uso delle autopsie. Nella lettera, l'organizzazione per i diritti umani chiedeva di conoscere il numero di autopsie eseguite dall'inizio del 2015 al 2020 disaggregate per nazionalità, le linee guida sui certificati di morte applicate dal ministero e la formazione impartita agli operatori sanitari e agli addetti alle certificazioni di morte. Nonostante i solleciti, la lettera è rimasta senza risposta.

In più occasioni le autorità del Qatar hanno cercato di rintuzzare le critiche sostenendo che le autopsie non vengono eseguite dato che le famiglie non le chiedono, temendo interventi invasivi sulle salme dei loro congiunti e i ritardi con cui verranno rimpatriate.

Quella legge, però, afferma altro: le autopsie possono essere eseguite anche senza il consenso dei familiari del deceduto allo scopo di "proteggere la salute pubblica".

---

[6] Dla Piper, *Migrant Labour in the Construction Sector in Qatar*, 2014.

Inoltre, gli attuali standard consentono di svolgere esami *post-mortem* del tutto non invasivi in grado di chiarire, con poche eccezioni, le cause della morte.

Infine, data la situazione di scarsa tutela del lavoro migrante, è difficile immaginare che, subito dopo un decesso, le autorità sanitarie del Qatar si siano affrettate a contattare le famiglie dei deceduti per ottenere il loro consenso a eseguire l'autopsia. Cosa che, infatti, come vedremo più avanti, non è avvenuta.

Fatta la legge, trovato l'inganno

Se una minima parte dei lavoratori migranti giunti in Qatar nello scorso decennio ha tratto vantaggi dalle opportunità economiche loro offerte, molti altri sono rimasti intrappolati nello sfruttamento del sistema comunemente noto come *kafala*, che in italiano potremmo tradurre con "fideiussione" o "sponsorizzazione".

Per decenni questo meccanismo pervasivo ha legato il lavoratore al suo datore di lavoro, il *kafeel*, dal momento dell'ingresso in Qatar per tutta la durata del vincolo lavorativo, tra l'altro attraverso la confisca del passaporto e l'autorizzazione, vincolante, a cambiare lavoro o a lasciare il Paese, attraverso un "certificato di non obiezione". Un vero e proprio sistema di lavoro forzato.

In base all'articolo 3 del già citato accordo di partenariato con l'Ilo, il Qatar si era impegnato a sostituire il sistema *kafala* con un modello contrattuale che avrebbe posto fine alle limitazioni e agli ostacoli alla libertà di movimento dei lavoratori migranti, avrebbe permesso loro di terminare il rapporto di lavoro in caso di violenze o comunque dopo aver dato un ragionevole preavviso, avrebbe modificato le procedure per l'emissione di visti di uscita dal Paese e avrebbe introdotto il divieto di confiscare i passaporti.

Nonostante le riforme avviate negli ultimi cinque anni, quel sistema domina ancora i rapporti di lavoro e garantisce enormi poteri al *kafeel*, la cui autorizzazione resta di fatto necessaria perché i lavoratori migranti entrino in Qatar, perché vi lavorino e perché sia rinnovato il loro permesso di soggiorno. Se il *kafeel* annulla o non rinnova il permesso di soggiorno, i lavoratori migranti risultano "assenti" dal loro impiego, entrano in una condizione di "irregolarità" e rischiano di essere arrestati ed espulsi.

Prendiamo, ad esempio, la norma del 2018 che ha abolito l'obbligo, per il lavoratore migrante, di ottenere il permesso del *kafeel* per lasciare il Paese. Aggirarla è facile: basta trattenere ancora il passaporto, così come rubarlo o distruggerlo, presentare una falsa denuncia di "assenza" dal lavoro o non rinnovare il permesso di soggiorno.

Oppure consideriamo le leggi 18 e 19 del 2020, in base alle quali il lavoratore migrante può cambiare impiego dopo un periodo di sei mesi di prova (o anche prima, se il nuovo datore di lavoro rimborsa al precedente il costo del biglietto aereo di andata e due mensilità) e dopo aver dato un ragionevole preavviso.

Rispondendo a una richiesta d'informazioni da parte di Amnesty International, il governo del Qatar ha comunicato che tra settembre 2020 e dicembre 2021 erano state approvate 242.870 richieste di cambio d'impiego e che la procedura era durata in media dieci giorni lavorativi. Non è stato tuttavia reso noto quante fossero state in totale le richieste e quante, di quelle approvate, non avevano avuto bisogno del permesso del datore di lavoro.

La realtà è che molti datori di lavoro, per scongiurare il rischio che i loro dipendenti cambino impiego, li vincolano alla firma di un contratto di cinque anni oppure, quando vengono a sapere che stanno cercando offerte di lavoro sull'apposita piattaforma online creata dalle autorità, minacciano di annullare i permessi di soggiorno e di presentare denunce per "assenza" dal lavoro.

Non si contano le proteste, con tanto di hashtag in tendenza, di *kafeel* che hanno denunciato l'iniquità, in loro sfavore, della nuova normativa, lamentando di non essere in grado di assumere nuova forza-lavoro, anche a seguito delle limitazioni di viaggio imposte dalle misure di contrasto alla pandemia da Covid-19.

Nel febbraio del 2021, nel tentativo di calmare queste proteste, il consiglio della Shura[1] ha presentato una serie di raccomandazioni, tra le quali: la rimozione del diritto dei lavoratori migranti di cambiare lavoro nel corso della validità del contratto; la limitazione a tre del numero di volte in cui si può cambiare lavoro durante la permanenza nel Paese; la riduzione al 15 per cento del numero dei lavoratori di una stessa azienda che possono cambiare lavoro; l'aumento al 20 per cento del numero dei lavoratori cui è richiesto di esibire un permesso di uscire dal Paese.

---

[1] Per la descrizione di questo organismo si rimanda al capitolo "Il trionfo dello *sportwashing*".

Nel corso del 2021, Amnesty International ha raccolto numerosissime denunce di lavoratori migranti che non erano riusciti a cambiare impiego: molti hanno atteso mesi per poi vedersi respingere la richiesta senza motivazione. Nelle poche occasioni in cui la motivazione era stata comunicata, risultava davvero pretestuosa: ad esempio, la nuova azienda aveva commesso violazioni delle norme sul lavoro, le era vietato temporaneamente di operare o era stata costretta a chiudere.

È successo anche che nuovi datori di lavoro abbiano continuato a pretendere l'esibizione di un "certificato di non obiezione" da parte dei precedenti. Addirittura, intorno alla metà del 2021, sono state pubblicate offerte d'impiego in cui si richiedeva obbligatoriamente di fornire un "certificato di non obiezione".

Sebbene vietato, questo documento resta di fatto vincolante. Non solo, ma attorno ad esso si è creato un lucroso giro d'affari, un "commercio di certificati" che costano da cinque a 15 volte il salario minimo mensile.

Ma non basta. Un'altra prassi che svuota di senso la nuova normativa sul cambio di lavoro è quella della "clausola di non concorrenza", in base alla quale, per un anno, un lavoratore non può cercare impiego nello stesso settore dal quale proviene. Si tratta di una clausola che, secondo gli standard dell'Ilo, dovrebbe essere utilizzata solo in casi estremi, ossia quando "la natura dell'impiego pone il lavoratore nella condizione di trasmettere al nuovo datore di lavoro segreti professionali del precedente".

Nel luglio del 2021 il ministero per lo Sviluppo amministrativo, il Lavoro e gli Affari sociali (d'ora in avanti, ministero per il Lavoro) ha emanato una direttiva secondo la quale i datori di lavoro non riceveranno più la notifica che i loro dipendenti stanno cercando un altro impiego ma saranno informati solo dell'esito della procedura e, una volta che i loro lavoratori avranno fatto richiesta di un nuovo impiego, non potranno più cancellare il loro permesso di soggiorno né denunciarli per "assenza" dal lavoro.

In un altro carteggio con Amnesty International dell'ottobre del 2021, le autorità hanno anche reso noto, senza fornire dettagli sull'efficacia di tali procedure, che i lavoratori che hanno subìto rappresaglie per aver cercato una nuova occupazione potranno rivolgersi alla polizia o al dipartimento per i Diritti umani del ministero dell'Interno. Hanno aggiunto che, tra settembre del 2020 e agosto del 2021, erano state presentate 609 denunce per confisca dei passaporti ed erano in corso azioni per restituirli ai legittimi proprietari; che le multe per confisca del passaporto erano state inasprite e che le aziende responsabili di tali comportamenti sarebbero state bloccate.

Nelle parole di un lavoratore migrante: "Ottimi questi provvedimenti, ma mancano d'efficacia. Anche se alcuni datori di lavoro sono finiti nella lista nera, l'azienda passa di padre in figlio e tutto torna in regola".

Lavorare gratis

"Rafforzare il Sistema di protezione dei salari [introdotto nel 2015, N.d.A.] che prevede il monitoraggio elettronico mensile dei pagamenti versati ai lavoratori da parte di piccole e medie imprese e aziende in subappalto; rafforzare le sanzioni in caso di mancato pagamento dei salari; istituire un fondo di garanzia; introdurre un salario minimo non discriminatorio; rafforzare i meccanismi nazionali di ricorso attraverso nuovi sistemi di monitoraggio; assistere i lavoratori che presentano ricorsi, assicurando procedure eque e veloci e impedire azioni di rappresaglia da parte dei datori di lavoro; informare i lavoratori migranti dei loro diritti e dei loro obblighi".

Questi begli impegni sono contenuti sempre nell'accordo di partenariato tra Qatar e Ilo del 2017.

Tuttavia, il mancato o ritardato pagamento dei salari resta una delle più frequenti forme di violazione dei diritti umani dei lavoratori migranti in Qatar. Tra le altre, segnaliamo le deduzioni arbitrarie dalla busta paga, il mancato riconoscimento delle ore di straordinario e il diniego del trattamento di fine rapporto (s'intende, per quei lavoratori che siano riusciti a chiuderlo).

Poiché il motivo per cui molti lavoratori emigrano è trovare un'occupazione stabile e sicura grazie alla quale far sopravvivere le famiglie e pagare i debiti contratti con le agenzie di collocamento, l'impatto del mancato, o anche solo del ritardato pagamento dei salari non riguarda solo i lavoratori.

Già nel 2018 il governo aveva istituito i Comitati per la risoluzione delle controversie sul lavoro (d'ora in avanti, Comitati per il lavoro) e il Fondo di sostegno e garanzia – diventato però operativo solo nel 2020 – per accelerare i versamenti dei salari non pagati. Nel maggio del 2021 è stata creata una piattaforma online per i reclami.

Il 4 ottobre 2021, in risposta a una richiesta d'informazioni di Amnesty International, il ministero per il Lavoro ha comunicato che dal marzo del 2018 i Comitati per il lavoro avevano emesso 10.237 verdetti, senza specificare in quanti casi i lavoratori ricorrenti avessero ricevuto ciò che era loro dovuto e se fosse stato utilizzato il Fondo di sostegno e garanzia.

Tenendo conto che molti lavoratori hanno dichiarato che per esaminare i loro ricorsi ci sono voluti mesi e che i Comitati per il lavoro non accettano ricorsi collettivi, l'efficacia di questi organismi pare quanto meno dubbia.

Quando, poi, i datori di lavoro non rispettano i verdetti dei Comitati per il lavoro, per i ricorrenti si profila una battaglia lunga, estenuante e che spesso finisce per essere persa in sede di giustizia civile.

Nel suo rapporto del 2020, l'ufficio dell'Ilo in Qatar ha dichiarato di aver presentato ricorsi in favore di

1.896 lavoratori migranti e di averne assistiti altri 7.420. La stessa fonte ha reso noto che il Sistema di protezione dei salari copriva il 96 per cento dei lavoratori e il 94 per cento delle aziende e che ad almeno 58 aziende "ad alto rischio" era stato vietato l'accesso ai servizi governativi.

Per quanto riguarda il Fondo di sostegno e garanzia, secondo fonti ufficiali nel primo anno di attività ha erogato 14.000 rial (meno di 3.500 euro) a un totale di 5.500 lavoratori. Quanti abbiano effettivamente ricevuto queste briciole, non è dato saperlo.

Di sicuro non le hanno ricevute 34 lavoratori nepalesi e filippini della Mercury Mena, un'azienda ingegneristica impegnata nella costruzione di alcune infrastrutture dei Mondiali del 2022 che doveva loro in media l'equivalente di 2.000 euro a testa per salari e altri benefici non versati a partire dal 2016. In Nepal buona parte della popolazione vive con meno di due dollari al giorno, i conti è facile farli…

Mica un'azienda di poco conto: la Mercury Mena, precedentemente Mercury Middle East, ha avuto un ruolo importante nella candidatura del Qatar come Paese organizzatore dei Mondiali del 2022, realizzando uno stadio-vetrina per convincere la Fifa. In seguito, la sua manodopera è stata impiegata in alcuni tra i più prestigiosi progetti, come lo stadio "Lusail". Nel novembre del 2017 l'amministratore delegato della Mercury Mena aveva ammesso il costante ritardo nel pagamento degli stipendi ma aveva negato che i lavoratori venissero sfruttati. A suo dire, l'azienda era vittima di partner privi di scrupoli che avevano causato "problemi di liquidità" e una serie di cause sui pagamenti a clienti e appaltatori.

Il 20 marzo 2021 è entrata in vigore la legge 17 che introduce il salario minimo non discriminatorio: quello mensile è di 1.000 rial (250 euro), più 300 rial (75 euro) per il vitto e 500 rial (125 euro) per l'alloggio, se non forniti dal datore di lavoro.

Nella sua già citata replica ad Amnesty International del 4 ottobre, il ministero per il Lavoro ha reso noto che erano state riscontrate 2.626 violazioni di legge e che nei confronti delle aziende responsabili era stato vietato di lavorare in Qatar.

Ad aprile, i lavoratori di un'azienda fornitrice di servizi per la sicurezza privata, settore di cui parleremo ampiamente nelle pagine successive, sono entrati in sciopero per protestare contro il mancato adeguamento dei loro stipendi al nuovo salario minimo da parte del loro datore di lavoro. Organi di stampa allineati con il governo hanno riportato che l'esecutivo aveva ordinato un'indagine, dalla quale era emerso che la paga corrisposta dall'azienda era conforme ai requisiti di legge.

La vicenda dei lavoratori di Qatar Meta Coats

Arrivati in Qatar circa dieci anni dopo l'assegnazione del Mondiali del 2022 per costruire la facciata dello stadio "al-Bayt", a cento lavoratori migranti sembrava di aver coronato un sogno.

Un gioiello da 60mila posti costato 770 milioni di euro, "al-Bayt" è lo stadio a forma di tenda beduina descritto all'inizio di questo libro. Alla fine dei Mondiali diventerà una struttura di Aspetar, una società di servizi di medicina sportiva nota in tutto il mondo che vanta partnership importanti come quella col Paris Saint-Germain.

Della consegna dello stadio "al-Bayt" era responsabile Aspire Zone Foundation (Aspire), un'organizzazione finanziata dal governo del Qatar. Nel 2015 Aspire ha affidato la costruzione dell'impianto a Gsic-Joint Venture (Gsic-Jv), che nel 2017 ha dato in subappalto a Qatar Meta Coast (Qmc) il completamento di alcune parti del progetto, in particolare la facciata. A quel punto, la Qmc ha assunto circa cento migranti provenienti da Asia e Africa.

I primi ritardi nel versamento dei salari sono stati denunciati a partire dall'inizio del 2019. Da agosto fino al marzo 2020 i versamenti si sono interrotti.

"C'è un momento di crisi". "Speriamo alla fine della settimana". "La prossima settimana". I lavoratori della Qmc se lo sono sentiti ripetere centinaia di volte.

Poi, nel marzo 2020, sono state versate una o due mensilità. Dopo, niente. Il 22 marzo i lavori si sono fermati a causa della pandemia da Covid-19. Ma, con i contratti ancora in corso, i lavoratori non hanno potuto cercare un nuovo impiego. Alla fine di maggio i mancati pagamenti partivano da un minimo di 8.000 e arrivavano a un massimo di oltre 60.000 rial (da 2.000 a 15.000 euro) a persona.

Venticinque lavoratori della Qmc hanno fatto ricorso ai Comitati per il lavoro. L'8 giugno 2020, sotto la minaccia di un lungo periodo di carcere per i suoi dirigenti, l'azienda ha versato quattro mensilità pregresse.

Troppo poco e troppo tardi.

Cosa abbia significato tutto questo per le famiglie dei lavoratori migranti rimaste in patria è facilmente immaginabile: abbandono scolastico a causa delle rette non pagate, cure mediche salvavita interrotte per l'impossibilità di comprare i farmaci, debiti contratti per pagare gli intermediari non saldati e dunque progressivo indebitamento.

Lo sfruttamento degli addetti alla sicurezza

"Qui funziona così: fino a quando non sei morto, puoi continuare a lavorare".

Sono le parole di Emmanuel, dipendente di una delle aziende di sicurezza privata che operano in Qatar.

Questo settore impiega decine di migliaia di persone. Molte delle imprese operanti in Qatar si occupano della sicurezza degli impianti e delle infrastrutture dei Mondiali di calcio.

In uno degli ultimi rapporti pubblicati da Amnesty International, intitolato "Quelli pensano che siamo degli automi", è stato esaminato il comportamento di otto di queste imprese, la metà delle quali impiega ben 12mila persone, che assicurano la sicurezza di circa quaranta siti.

In almeno sei delle imprese esaminate, si ritrovano le principali caratteristiche del lavoro forzato così definito a livello internazionale: un insieme di lavoro involontario e minaccia di sanzioni.

L'85 per cento degli addetti alla sicurezza intervistato da Amnesty International ha riferito di turni di lavoro di 84 ore settimanali, ovvero 12 ore al giorno per sette giorni, protratti per mesi se non addirittura per anni, spesso senza pause significative, cui si devono aggiungere un'ora per andare sul luogo di lavoro e altrettanto per tornare agli alloggi.

La giornata-tipo di Milton, proveniente dal Kenya, è uguale a quella di migliaia di altri suoi colleghi: "Mi sveglio alle cinque, alle 6,30 devo essere pronto per l'autobus, alle 7,20 arrivo sul posto di lavoro. Il turno va dalle 7,30 alle 19,30. Alle otto della sera inizia il viaggio di ritorno. Va avanti così per mesi, senza un giorno di riposo".

In caso di rifiuto di sottostare a questi turni di lavoro massacranti, si rischia una detrazione dal salario se non addirittura il licenziamento. Chiedere un giorno di riposo significa ottenere un rifiuto, spesso con la motivazione ufficiale che manca un sostituto. Prenderlo senza autorizzazione significa perdere da un giorno a sei giorni di paga.

Di riconoscere gli straordinari non se ne parla. La legge del 20 marzo 2021 che ha introdotto il salario minimo ha anche previsto che ogni ora di lavoro eccedente le 48 ore settimanali debba essere pagata il 125 per cento in più della paga base, il 150 per cento in più se lo straordinario coincide col giorno di riposo. In quest'ultimo caso, dev'essere anche accordato un giorno di lavoro in sostituzione di quello in cui è stato fatto lo straordinario.

Il fatto che agli addetti alla sicurezza non sia riconosciuto lo straordinario significa che nelle mani dei datori di lavoro restano somme enormi.

La legge vigente in Qatar richiede che i lavoratori dimostrino la loro malattia dal primo giorno di assenza con un certificato medico approvato dal datore di lavoro, altrimenti verranno sanzionati per “non essersi presentati al lavoro senza un motivo”. Ma in un Paese nel quale viene negato il diritto al riposo e l’accesso alle prestazioni mediche è fortemente limitato, da un lato ci si ammala spesso e dall’altro è difficile dimostrarlo come prevede la legge.

Nel 2021 un addetto alla sicurezza ha avvisato che non si sentiva bene. Nulla di strano, dopo che aveva lavorato consecutivamente per un anno e mezzo. Il supervisore “ha reagito male” e gli ha trattenuto due giorni di paga, per un totale di 95 rial [quasi 25 euro], uno per essere stato male e l’altro per non aver mandato il certificato.

Un altro addetto alla sicurezza ha preso due giorni consecutivi di assenza per motivi di salute: il primo per ricevere la prima dose del vaccino contro il Covid-19, il secondo per il malessere seguito all’inoculazione. Anche per lui, 95 rial di trattenuta.

La vasta maggioranza degli addetti alla sicurezza intervistati da Amnesty International ha denunciato di aver dovuto versare molto denaro ai procacciatori d’impiego nei Paesi di origine (da quasi 1.000 a quasi 3.000 euro, con una media complessiva di 1.300 euro), spesso preso in prestito con le conseguenze che sappiamo. All’arrivo in Qatar, i datori di lavoro hanno requisito i loro passaporti, a volte per i primi due anni dall’inizio dell’impiego e comunque fino a quando non hanno consentito loro di prendersi un periodo di ferie per tornare a casa.

In questo modo, come abbiamo già visto, lasciare l'impiego senza un passaporto non è un'opzione possibile.

La riforma del sistema *kafala*, già citata, che sulla carta esonererebbe il lavoratore dal chiedere il nulla osta per cambiare impiego, si è rivelata inutile anche nel caso degli addetti alla sicurezza: il 38 per cento di quelli intervistati da Amnesty International si è visto negare la firma sulla lettera di dimissioni o ha subìto enormi ritardi nella procedura di cambio d'impiego, spesso con la scusa che la documentazione relativa era andata persa.

Violazioni del regolamento

Secondo il regolamento interno adottato nel 2021 da una delle aziende citate nel rapporto di Amnesty International e sottoscritto dai lavoratori alla firma del contratto, possono essere inflitte sanzioni da 1.000 a 2.000 rial (da 250 a 500 euro) o si può essere addirittura licenziati se il lavoratore riceve soldi da un visitatore o da un collega, riceve cibo da un visitatore, sviluppa amicizia con un visitatore o con un collega, parla in privato con un visitatore o un collega su questioni personali o riceve oggetti personali da un visitatore.

Altri addetti alla sicurezza hanno denunciato di aver subìto sanzioni elevate, a volte anche il trattenimento della paga mensile, per infrazioni minori o invocate in modo del tutto pretestuoso, come ad esempio non indossare l'uniforme di lavoro in modo adeguato, presentarsi sul posto di lavoro senza essersi fatti la barba, lasciare la postazione per andare in bagno senza aver trovato un collega per la sostituzione.

Ecco alcune testimonianze.

"Un collega aveva un'emergenza, ha chiesto al supervisore di poter telefonare alla famiglia ma gli è stato negato. Allora ha provato a fare la telefonata di nascosto, l'hanno scoperto e ha pagato una multa di 1.500 rial [quasi 400 euro]".

"Ero in uniforme, ma faceva un caldo assurdo. Allora mi sono slacciato la cravatta e mi hanno trattenuto 50 rial [12,5 euro]".

"Se devi andare al gabinetto, devi chiamare il supervisore. Lo chiami alle nove e si presenta dopo le dieci. Nel frattempo, non puoi lasciare la postazione".

"C'era un difetto nella divisa, all'altezza dell'ascella. Il supervisore se n'è accorto e mi ha multato per 500 rial (125 euro)".

Lavorare sotto il sole

"Lavori sotto al sole con una temperatura di 52 gradi. Sudi fino a quando la maglietta sotto la divisa è completamente salata. Ogni giorno ti viene il mal di testa da insolazione. Ma loro si preoccupano di cosa fai, non di come stai".

Quindici degli addetti alla sicurezza intervistati da Amnesty International hanno denunciato le condizioni pericolose di lavoro: stare all'aperto sotto il sole per ore senza accesso a spazi dotati di aria condizionata per tutto il turno di lavoro o di distributori di bevande.

Come abbiamo visto in precedenza, dal 2017 sono in vigore restrizioni al lavoro all'aperto nei mesi più caldi. Nel 2021 l'orario in cui vige il divieto di lavorare in estate è stato allungato e i lavoratori hanno il diritto di fermarsi se avvertono che il caldo estremo possa minacciare la loro salute. Ma, come racconta Emmanuel, addetto alla sicurezza nella piscina, nella spiaggia e nel parcheggio di un albergo di lusso, "quando fa molto caldo, la legge dice che nessuno dovrebbe lavorare all'aperto... ma noi che ci occupiamo della sicurezza, dove dovremmo stare?".

Discriminazione salariale

Infine, la discriminazione salariale a causa della provenienza è un fenomeno costante.

"Ti pagano a seconda della nazionalità: un kenyano prende 1.300 rial, un filippino 1.500, un tunisino 1.700" [rispettivamente 325, 375 e 425 euro al mese].

I lavoratori provenienti dagli Stati arabi vengono pagati di più e hanno i posti di lavoro migliori: è raro vedere qualcuno di loro lavorare all'aperto sotto il sole.

Gli addetti alla sicurezza provenienti dall'Africa subsahariana (la maggior parte di loro sono ugandesi e kenyani) sono anche vittime di stereotipi sulla maggiore resistenza al lavoro: "Ti dicono: tu sei africano, tu sei robusto, puoi lavorare dodici ore senza lamentarti, ti paghiamo per questo".

Queste testimonianze confermano le conclusioni cui erano giunti nel 2014 il Relatore speciale sui diritti umani dei migranti e, nel 2019, la Relatrice speciale sulle forme contemporanee di razzismo, discriminazione razziale, xenofobia e intolleranza. Il primo mise in luce "la categorizzazione dei migranti basata sulla nazionalità. [...] Alcune delle nazionalità paiono essere valutate meglio di altre e questo fa sì che alcune nazionalità siano pagate più di altre". La seconda scrisse che "i salari dei lavoratori migranti dipendono fortemente dagli Stati di origine, col risultato che lavoratori che svolgono lo stesso lavoro vengono retribuiti differentemente a seconda della nazionalità".

Sfruttati e isolati

L'articolo 116 della legge n. 14 del 2014 (nota come Legge sul lavoro) prevede che all'interno di imprese che impiegano almeno cento lavoratori possano essere costituiti del Comitati dei lavoratori. I Comitati della medesima impresa possono formare dei Comitati generali che, a loro volta, possono dare vita a Unioni sindacali generali.

Tutto bene, se non fosse che questa norma vale unicamente per i lavoratori qatarini. Per la stragrande parte dei lavoratori presenti in Qatar, dunque, semplicemente non esiste.

Nel 2018 la ratifica del Patto internazionale sui diritti civili e politici e del Patto internazionale sui diritti sociali, economici e culturali era stata salutata dalla grancassa dello *sportwashing* come la riprova che i Mondiali del 2022 avrebbero prodotto un cambiamento.

Non venne detto, tuttavia, che al momento della ratifica il Qatar aveva posto una riserva ben precisa: non sarebbe stato permesso ai lavoratori migranti di aderire a sindacati né di crearli.

Di fronte alle proteste del Comitato dell'Ilo sulla libertà d'associazione, le autorità del Qatar hanno fatto un passo indietro di facciata, autorizzando la costituzione di comitati congiunti, composti tanto da datori di lavoro che da lavoratori. I primi organismi di questo genere sono sorti nel 2019. Nell'agosto del 2020, risultavano eletti 107 lavoratori in rappresentanza di 17.000 lavoratori di venti aziende. Con quale potere contrattuale, è facilmente immaginabile, alla luce di quanto scritto nelle pagine precedenti.

Vietato parlare

Il 4 maggio 2021 Malcom Bidali, un keniano impiegato come guardia privata, blogger conosciuto con lo pseudonimo "Noah" e attivista per i diritti dei lavoratori migranti, è stato arrestato all'interno del suo dormitorio. Lo hanno trattenuto in isolamento per un mese, in condizioni di sparizione forzata, negandogli anche l'accesso a un legale.

Il 14 luglio il Consiglio supremo della magistratura lo ha multato ai sensi della controversa legge sui reati informatici, per "pubblicazione di notizie false con l'intento di destabilizzare le istituzioni". La sanzione è stata disposta senza che Bidali fosse mai stato formalmente accusato, condotto davanti a un giudice o informato delle imputazioni a suo carico. Ha lasciato il Qatar il 16 agosto, dopo avere pagato una pesante multa.

Abdullah Ibhais, 36 anni, padre di due bambini di quattro e sei anni, ex direttore dell'ufficio comunicazione del Comitato supremo, è stato arrestato il 12 novembre 2019 nel suo ufficio a Duhail, un quartiere nella zona settentrionale di Doha. Dopo averlo interrogato per alcune ore, i funzionari della sicurezza lo hanno accompagnato alla sua abitazione, hanno fatto una lunga perquisizione e hanno sequestrato i suoi apparecchi elettronici. Solo dopo nove giorni dall'arresto, Ibhais ha potuto incontrare un avvocato. È stato rilasciato su cauzione il 21 dicembre 2019.

Il processo, per la pretestuosa accusa di sottrazione di fondi pubblici, è iniziato nel gennaio 2020. Ibhais ha ritrattato le dichiarazioni rese durante gli interrogatori senza avvocato ma è stato condannato a cinque anni di carcere e a una multa di 150.000 rial (37.500 euro). Rilasciato in attesa dell'appello, è stato nuovamente arrestato il 15 novembre 2021. Ha iniziato uno sciopero della fame che lo ha portato a perdere venti chili di peso. Un mese dopo la corte d'appello ha confermato il verdetto di colpevolezza ma ha ridotto la condanna da cinque a tre anni di carcere. Ibhais ha presentato appello alla Corte di cassazione. Mentre questo libro va alle stampe, il processo di terzo grado è ancora in corso.

Nei guai sono finite anche due giornaliste norvegesi che avevano concordato un'intervista con Ibhais nell'ambito di un reportage sulla condizione dei lavoratori migranti. Sono state arrestate per violazione di domicilio e per aver ripreso immagini all'interno di una proprietà privata, accuse da loro respinte. Sono state interrogate in merito al loro lavoro d'inchiesta e tutta la loro attrezzatura è stata sottoposta a sequestro. Sono state successivamente rilasciate dopo un fermo di 36 ore senza dover rispondere di alcuna accusa. Per loro, il Mondiale di calcio è già terminato.

Le responsabilità della Fifa

"La Fifa s'impegna a sostenere e promuovere i più elevati standard internazionali sul lavoro, in particolare i princìpi contenuti nelle otto principali convenzioni dell'Ilo. Applica le procedure rilevanti relative al suo staff, cerca di assicurare il rispetto degli standard sul lavoro da parte dei suoi partner economici e nelle attività direttamente collegate alle sue operazioni, anche attraverso le catene dei fornitori".

Questo si legge nella Human Rights Policy adottata nel maggio 2017 dalla Fifa che, ricordiamolo, ha la responsabilità ultima dei Mondiali del 2022.

Nel gennaio del 2020, inoltre, Fifa e Comitato supremo hanno pubblicato la Strategia di sostenibilità, col dichiarato scopo di migliorare le condizioni lavorative e di vita di tutte le persone coinvolte nella preparazione del torneo.

La Strategia di sostenibilità punta a "garantire i diritti e il benessere dei lavoratori" impegnati nella costruzione degli impianti e delle infrastrutture dei Mondiali del 2022. Correttamente, riconosce che laddove i due organismi abbiano causato o abbiano contribuito a impatti negativi sui diritti umani, essi hanno la responsabilità di "fornire o collaborare a fornire un rimedio".

Che Fifa e Comitato supremo siano venuti meno – e vogliamo essere accondiscendenti nei loro confronti – a uno degli aspetti di diligenza dovuta, ossia la vigilanza sui possibili "impatti negativi sui diritti umani", lo dimostra la vicenda dei cento lavoratori della Qmc raccontata nelle pagine precedenti. La Fifa ha ammesso, in una corrispondenza con Amnesty International, di esserne venuta a conoscenza tramite il Comitato supremo che, a sua volta, ha ammesso di averla appresa da Amnesty International.

In altre parole, se ad alcuni dei cento lavoratori non fosse venuto in mente di contattare l'organizzazione per i diritti umani, lo scandalo dei mancati pagamenti non sarebbe emerso.

Ma questa storia, come è chiaro, non riguarda solo quelle cento persone.

Così, a sei mesi dal fischio d'inizio della partita inaugurale, Amnesty International ha chiesto pubblicamente alla Fifa di mettere a disposizione almeno 440 milioni di dollari per risarcire le centinaia di migliaia di lavoratori migranti vittime di sfruttamento a partire dall'anno dell'assegnazione della Coppa del mondo 2022 al Qatar, ossia dal 2010.

Quell'importo equivale alla somma versata dalla Fifa al Qatar per l'organizzazione della competizione e sarebbe davvero il minimo necessario per coprire i costi dei risarcimenti e delle iniziative di sostegno per proteggere in futuro i diritti dei lavoratori. Il rimborso totale degli stipendi non pagati e degli esorbitanti versamenti alle agenzie di collocamento, unito ai risarcimenti per le morti e i ferimenti sul lavoro, potrebbe essere ben più elevato.

Su cosa si basa la richiesta di risarcimento?

Come esplicitato nei Princìpi guida delle Nazioni Unite su imprese e diritti umani e come riconosciuto dalle sue stesse politiche, la Fifa ha la responsabilità di porre rimedio a violazioni dei diritti umani cui contribuisce. Tale responsabilità riguarda non solo i lavoratori impegnati nella costruzione di impianti direttamente relativi all'evento calcistico come gli stadi, i centri di allenamento, gli alberghi accreditati e i centri-stampa, ma anche quelli che si occupano dei servizi necessari per rendere operative quelle strutture come i trasporti, le strutture di accoglienza e altre ancora necessarie a ospitare più di un milione di persone attese in Qatar per assistere ai Mondiali di calcio.

C'è almeno un precedente su cui basarsi: il programma di risarcimenti a seguito del disastro del Rana Plaza del 2013 in Bangladesh, in cui persero la vita almeno 1.134 lavoratori e lavoratrici[1].

Guardando oltre gli attuali mondiali di calcio, la Fifa dovrebbe garantire che le violazioni dei diritti umani dei lavoratori migranti non abbiano a ripetersi e di assicurare che ogni successiva assegnazione di tornei ed

---

[1] Il 24 aprile 2013 si verificò, a causa del peso dei tanti macchinari delle molte imprese tessili che ospitava, il cedimento strutturale un edificio commerciale di otto piani a Savar, un sub-distretto nella Grande Area di Dacca, capitale del Bangladesh. Le operazioni di soccorso e ricerca dei superstiti andarono avanti per circa venti giorni.

eventi calcistici sia preceduta da una rigorosa valutazione relativa ai rischi di violazioni dei diritti umani e accompagnata da chiari piani d'azione per prevenire e mitigare le possibili violazioni individuate.

Nuovi criteri basati sui diritti umani sono stati applicati per quanto riguarda le candidature ai Mondiali di calcio del 2026 ma non altrettanto è stato fatto per quanto riguarda i Mondiali di calcio per club del 2021, assegnati prima alla Cina e poi svoltisi nel febbraio del 2022 negli Emirati Arabi Uniti: uno Stato che presenta problemi simili, dal punto di vista delle violazioni dei diritti umani, a quelli del Qatar.

Le voci contrarie

Non sapremo mai se durante lo svolgimento dei Mondiali si sarebbero levate voci di protesta dai calciatori italiani o dalla nostra delegazione. Al momento di dare questo libro alle stampe, non è immaginabile se le delegazioni che saranno presenti in Qatar manifesteranno in qualche modo, e in forma pubblica, le loro preoccupazioni per il trattamento dei lavoratori migranti.

Fin qui, qualche presa di posizione c'è stata.

Eric Cantona, già fuoriclasse del Manchester United, "l'amico Erik" dell'omonimo film di Ken Loach, è stato molto chiaro. In un'intervista al quotidiano britannico *Daily Mail*[1] del 12 gennaio 2022, ha dichiarato:

"A essere onesto, non mi interessa molto il prossimo Mondiale, che per me non è un vero Mondiale. Negli ultimi decenni, ci sono stati molti eventi come i Giochi Olimpici o i Mondiali in Paesi che stanno emergendo, come Russia o Cina. Ma il Qatar non è il Paese del calcio. Non sono contrario all'idea di ospitare una Coppa del Mondo in un Paese dove c'è la possibilità di sviluppare e promuovere il calcio, come in Sud Africa o negli Stati Uniti negli Anni '90. Ma

[1] "I will not watch the Qatar World Cup", www.dailymail.co.uk/sport/football/article-10393613/Eric-Cantona-delivers-crippling-verdict-Qatar-World-Cup.html.

in Qatar non esiste un tale potenziale. Non c'è niente. Si tratta solo di soldi e del modo in cui hanno trattato le persone che hanno costruito gli stadi. È orribile. E migliaia di persone sono morte. Eppure, celebreremo questa Coppa del Mondo. Personalmente, non la guarderò. Capisco che il calcio sia un affare. Ma ho pensato che fosse l'unico posto dove tutti potessero avere una possibilità. E penso ancora che i giovani giocatori possano crescere in una zona molto povera, diventare calciatori e così salvare se stessi e la loro famiglia, il che è fantastico. E se sei bravo, sei bravo. È una meritocrazia: se sei il migliore giocherai ed è giusto. Meritocrazia e potenziale sono l'essenza del calcio. Per questo è ancora più sorprendente il fatto che si sia organizzata una Coppa del Mondo in Qatar".

Il Tromsø, il club più settentrionale del mondo, situato sopra il circolo polare artico, è stata una delle squadre più critiche nella decisione di assegnare i Mondiali di calcio del 2022 al Qatar. Dopo aver chiesto alla nazionale del suo Paese, la Norvegia, di boicottarli, il Tromsø ha adottato un approccio diverso quando il Paese non è riuscito a qualificarsi alla fase finale.

Nel dicembre del 2021, la squadra della serie A norvegese ha fatto notizia in tutto il mondo per aver presentato la prima divisa dotata di QR code. Questo codice, che compare sulla terza maglia per la stagione 2022, indirizza al già citato rapporto "Reality Check 2021" di Amnesty International, che ha appoggiato e promosso l'iniziativa.

"Vediamo che il calcio attira molta attenzione quindi, quando esprimiamo ciò che sentiamo, riceviamo molti riscontri. E in realtà, siamo in grado di cambiare le cose. Ecco perché sento davvero che abbiamo l'enorme responsabilità di esprimere la nostra opinione in questo tipo di casi. E i diritti umani, credo, non sono politica, sono i diritti fondamentali degli esseri umani", ha detto a *SportsPro* Øyvind Alapnes, amministratore delegato del Tromsø.

La squadra che non scende in campo

Oltre all'Italia c'è un'altra squadra che non partecipa ai Mondiali del 2022 e questo è assai più grave.

Questa squadra, che chiameremo Asia del Sud, pur essendo forte e in buona salute non scenderà in campo. Eppure, senza di essa, le altre squadre qualificatesi per la fase finale non l'avrebbero disputata.

Mohamed Kaochar Khan, 34 anni, proveniente dal Bangladesh, operaio di un'impresa di costruzioni, sposato e padre di un figlio di sette anni, è stato trovato morto nel suo letto il 15 novembre 2017. Secondo le autorità del Qatar, il decesso è stato causato da "una crisi respiratoria acuta dovuta a cause naturali". La famiglia non ha mai ricevuto una richiesta di autorizzazione all'autopsia.

Yam Bahadur Rana, 34 anni, proveniente dal Nepal, guardia di sicurezza all'aeroporto internazionale Hamad di Doha, sposato e padre di due figli, è morto il 22 febbraio 2020. Il suo lavoro lo costringeva a trascorrere ore e ore, immobile, sotto il sole. Secondo le autorità del Qatar, il decesso è stato causato da "una crisi cardio-respiratoria acuta dovuta a cause naturali". La famiglia non ha mai ricevuto una richiesta di autorizzazione all'autopsia.

Mohammed Suman Miah, 34 anni, proveniente dal Bangladesh, operaio di un'impresa di costruzioni, sposato e padre di due figli, è morto il 29 aprile 2020 al termine di una lunga giornata di lavoro in cui le temperature avevano raggiunto i 38 gradi. Secondo le autorità del Qatar, il decesso è stato causato da "una crisi cardiaca acuta dovuta a cause naturali". La famiglia non ha mai ricevuto una richiesta di autorizzazione all'autopsia.

Tul Bahadur Gharti, 34 anni, proveniente dal Nepal, operaio in un'impresa di costruzioni, sposato, è morto nel sonno la notte del 28 maggio 2020 dopo aver lavorato per dieci ore sotto una calura che aveva raggiunto i 39 gradi. Secondo le autorità del Qatar, il decesso è stato causato da "una crisi cardio-respiratoria acuta dovuta a cause naturali". La famiglia non ha mai ricevuto una richiesta di autorizzazione all'autopsia.

Sujan Miah, 32 anni, proveniente dal Bangladesh, impegnato nella costruzione di una conduttura idrica in pieno deserto, è morto nel sonno all'alba del 24 settembre 2020. Nei quattro giorni precedenti, le temperature avevano superato i 40 gradi. Secondo le autorità del Qatar, il decesso è stato causato da "una crisi cardiaca acuta dovuta a cause naturali". La famiglia non ha mai ricevuto una richiesta di autorizzazione all'autopsia.

Manjur Kha Patan, 40 anni, proveniente dal Nepal, autista, sposato e padre di quattro bambini, è morto il 9 febbraio 2021. Lavorava 12-13 ore di seguito su un mezzo privo di aria condizionata, poiché l'impianto di condizionamento era rotto e non era mai stato riparato. Secondo le autorità del Qatar, il decesso è stato causato da "una crisi cardiaca". La famiglia non ha mai ricevuto una richiesta di autorizzazione all'autopsia.

Madhu Bollapally, 43 anni, proveniente dall'India, sposato e padre di un bambino, è morto nel suo letto alla fine del 2019.

Mohammad Shahid Miah, 29 anni, proveniente dal Bangladesh, è morto folgorato nella sua baracca nel settembre del 2020 dopo che a causa di un'alluvione l'acqua aveva raggiunto l'impianto elettrico.

Ghai Singh Rai, 20 anni, proveniente dal Nepal, addetto alle pulizie, si è tolto la vita appena una settimana dopo il suo arrivo in Qatar. Aveva rivelato al padre che non sarebbe mai stato in grado di ripagare i debiti contratti per emigrare.

Gangaram Mandal, 40 anni, proveniente dal Nepal, sposato e padre di sette figli, è morto nel 2020 al termine di un turno di lavoro svolto sotto il caldo. La famiglia non ha mai ricevuto una richiesta di autorizzazione all'autopsia. La moglie ha ricevuto solo gli stipendi arretrati dovuti al marito, che ha speso per organizzare il funerale.

Tej Narayan Tharu, 23 anni, proveniente dal Nepal, sposato e padre di una figlia, è morto nell'agosto del 2021 dopo essere caduto da un'impalcatura dello stadio "al-Janoub". Alla moglie è stato promesso un risarcimento che, mentre questo libro va in stampa, non è ancora arrivato.

Conclusioni

Dal 2010, quando la Fifa ha assegnato al Qatar l'organizzazione dei Mondiali di calcio del 2022, le organizzazioni per i diritti umani hanno costantemente sollevato il tema del trattamento dei lavoratori migranti: milioni di braccia indispensabili per la costruzione degli stadi, degli impianti sportivi e delle altre strutture logistiche e relative ai trasporti e all'accoglienza.

L'esperienza che almeno due milioni di persone hanno vissuto è stata segnata da sfruttamento del lavoro, stipendi non versati, condizioni di vita agghiaccianti, limitazioni di movimento. E poi sudore, sangue e morte.

Nel 2017 le inchieste giornalistiche, le denunce delle organizzazioni per i diritti umani e le pressioni delle organizzazioni sindacali internazionali sull'Ilo hanno costretto le autorità del Qatar ad avviare un piano di riforme: l'eliminazione dell'obbligo di chiedere l'autorizzazione del datore di lavoro per cambiare impiego, il salario minimo, l'istituzione di comitati per favorire l'accesso alla giustizia e per risolvere le controversie e l'approvazione di norme per proteggere i lavoratori dalle condizioni climatiche estreme.

Dopo tre anni di attuazione insufficiente, dal 2020 il processo di riforme si è interrotto. Lo sfruttamento del lavoro, che in non pochi casi costituisce vero e proprio lavoro forzato, continua a essere la regola e non l'eccezione e i datori di lavoro continuano a comportarsi in modo lesivo dei diritti e della dignità dei lavoratori.

Un'occasione persa, dunque. Dalla Fifa, che in un carteggio con Amnesty International del maggio 2022 ha sostenuto di aver voluto "usare la competizione come strumento per avviare un più ampio cambiamento sociale" in Qatar[1] – e questo testo dimostra che non ha voluto farlo o, quanto meno, non vi è riuscita; e dallo stesso Qatar, che non ha saputo smentire che questa operazione sia stata, in definitiva, la quintessenza dello *sportwashing*.

Quando l'arbitro della finale avrà dato l'ultimo, triplice, fischio, quando sul terreno di gioco resteranno solo i coriandoli dei festeggiamenti, quando l'ultimo dei tifosi sarà rientrato a casa, molti lavoratori migranti torneranno nei loro Paesi di provenienza con niente in tasca. Altri rimarranno in Qatar per contribuire alla realizzazione di altri progetti scintillanti, ma sempre senza diritti. Altri, come abbiamo visto, sono già tornati a casa, ma in una bara.

---

[1] La lettera della Fifa è contenuta nell'Appendice al rapporto ""Predictable and preventable. Why Fifa and Qatar should remedy the 2022 World Cup abuses", citato tra le fonti alla fine di questo libro.

Fonti principali

Pete Pattisson, Niamh McIntyre e altri, *"Revealed: 6,500 migrant workers have died in Qatar since World Cup awarded"*, *The Guardian*, 23 febbraio 2021.

Benjamin Barthe, *"Au Qatar, le processus de réforme des conditions de travail des migrants menacé d'enlisement"*, *Le Monde*, 23 novembre 2021.

Amnesty International, "In the prime of their lives. Qatar's failure to investigate, remedy and prevent migrant workers' deaths", Index MDE 22/4641/2021, 26 agosto 2021, scaricabile in lingua inglese al link www.amnesty.org/en/wp-content/uploads/2021/08/MDE2246142021ENGLISH.pdf.

Amnesty International, "Reality check 2021. A year to the 2022 World Cup", Index MDE 22/4866/2021, 21 novembre 2021, scaricabile in lingua inglese al link www.amnesty.org/en/wp-content/uploads/2021/11/MDE2249662021ENGLISH.pdf.

Amnesty International, "They think we're machines. Forced labour and other abuse of migrant workers in Qatar's private security sector", Index MDE 22/5388/2022, 7 aprile 2022, scaricabile in lingua inglese al link www.amnesty.org/en/wp-content/uploads/2022/04/MDE2253882022ENGLISH.pdf.

Amnesty International, "Predictable and preventable. Why FIFA and Qatar should remedy the 2022 World Cup abuses", Index MDE 22/5586/2022, 19 maggio 2022, scaricabile in lingua inglese al link www.amnesty.org/en/wp-content/uploads/2022/05/MDE2255862022ENGLISH.pdf.

Americans for Democracy & Human Rights in Bahrain (ADHRB), *Bahrain's "Sports Whitewashing" in Europe*, novembre 2020, disponibile al link www.adhrb.org/2020/11/bahrains-sports-whitewashing-in-europe.

FairPlanet, "*Sportswashing: the Gulf-countries' strategies to mask abysmal human rights record*, luglio 2021, disponibile al link www.fairplanet.org/story/sportswahing-the-gulf-countries%E2%80%99-strategy-to-mask-abysmal-human-rights-records.

Dello stesso autore

La scia di sangue lasciata da Donald Trump nell'ultima parte del suo mandato, con ben tredici condanne a morte federali eseguite in sette mesi, ha solo momentaneamente interrotto la consolidata tendenza verso la progressiva diminuzione del ricorso alla pena capitale negli Stati Uniti d'America. Una tendenza affermatasi nell'ultimo decennio, che questo testo racconta attraverso i passaggi principali: la cancellazione della pena di morte in alcuni stati, l'esaurimento delle scorte di uno dei prodotti impiegati per l'iniezione letale, gli orientamenti dell'opinione pubblica, le campagne delle organizzazioni abolizioniste, le sentenze dei tribunali federali e statali e soprattutto le storie dei prigionieri messi a morte, vittime in alcuni casi di veri e propri esperimenti su esseri umani.

La storia della pena di morte negli Usa, come in ogni altro luogo, è infarcita di errori e di orrori. Ma la consapevolezza che sia necessario "mollare il boia" inizia a farsi strada. In questo libro spieghiamo come e perché.

Riccardo Noury
MOLLA CHI BOIA
ISBN 9788868615819
2022
€ 12,00

infinito edizioni
Riccardo Noury
Molla chi boia
La lenta fine della pena di morte
negli Stati Uniti d'America
Prefazione di Alessandro Milan

Qatar 2022, i Mondiali dello sfruttamento

ISBN 9788868616298
Prima edizione: settembre 2022

Infinito edizioni S.r.l.
Posta elettronica: info@infinitoedizioni.it
Sito Internet: www.infinitoedizioni.it
Instagram: Infinito edizioni
Facebook: Infinito edizioni
Twitter: @infinitoed